Kirsten Eckmann
Renate Haußmann (Hg)
Andrea Katzenberger

Kein Ton geht verloren
Gedichte zu Dritt

© 2018 Renate Haußmann (Hg), Kirsten Eckmann,
Andrea Katzenberger
Idee: Renate Haußmann, Schreibweise Hamburg
Satz und Gestaltung: Renate Haußmann
Verlag und Druck: tredition GmbH, Halenreie 40-44,
22359 Hamburg
978-3-7469-9801-5 (Paperback)
978-3-7469-9802-2 (Hardcover)
978-3-7469-9803-9 (e-Book)

Kein Ton geht verloren

Konzeptionelle Lyrik lebt von der Idee der Minimalisierung im Ausdruck und von der Irritation durch impulsgebende Einflüsse. Intuitiv ausgewählte Themen werden mit klassischer Dichtung in der Form vollendet. Zur Wahl stehen das Sonett, mit dem es gelingen kann in vier Versen eine Geschichte zu erzählen; die Ode, die mit einer feierlichen und erhabenen Sprache Raum für Sarkasmus und Ironie zulässt; und das Pantum, das mit der Wiederholung von Zeilen spielt und dabei nicht nur den Sinn ändert, sondern auch den Inhalt in neue Richtungen treibt. Die Form schafft Ordnung im Schwall der Worte und erzeugt den Rhythmus zur Entfaltung von Dramatik.

Es sind immer drei Autorinnen, die sich die Bälle zuwerfen und von der Vielfalt in diesem Spiel profitieren. Das ist der Rahmen für die poetische Kommunikation im Trialog, die sich durch die Anerkennung unterschiedlicher Wahrheiten befruchtet, sich mit individuellen Werten und Erfahrungen anreichert und dann eine unverkennbare Stimme zum Klingen bringt.

Damit kein Ton verloren geht, werden Worte eingefangen und geformt, die den Autorinnen überraschende Räume öffnen und den Leserinnen und Lesern eine dreidimensionale Sicht ermöglichen.

Im Wunder

"Ich verliere mich

im Dschungel der Wörter

finde mich wieder

im Wunder

des Worts"

(Rose Ausländer)

.

Freund und Feind
verbünden sich
ich biete mich an
als drittes Rad am Wagen

WENN SICH EINE TÜR SCHLIESST

Ab dann war Funkstille
Filmriss
Wenn ich doch geschwiegen hätte

Ab dann war Funkstille

an den verstummten

oh mann hab etwas Geduld
du bist gegangen für immer
ist es eine frage von schuld
oder schlimmer

oh mann was ließ dich verstummen
war es ein blick ein wort
ist ein schulterzucken am falschen ort
in deine seele eingedrungen

oh mann du formvollendeter
schickst grüße zu den ritualen
sie verrotten auf dem abstellgleis
versickern in belanglosigkeit

oh mann zeit heilt keine wunden
sie fördert die vergesslichkeit
schon wegen all der guten Stunden
ich speichre dich für alle zeit

(Renate Haußmann)

Wie geht es Dir

Kein Funkensprühen mehr
nur noch öder
schnöder
Briefverkehr

Auf dem Abstellgleis
laufen die Rituale sich tot
aus Langeweile oder Not
nehmen sie Form an wie ein Greis

Und nun zu dir du Verstummter
von Ritualen Vermummter
wie geht es dir

Ob ein von Schuld Zerlumpter
von Vergessen aufgepumpter
das liegt ganz bei dir.

(Kirsten Eckmann)

Ein so nett an den Verstummten

Wie gerne würde ich dich hassen
Dich warum auch immer Verstummten
Dich gefühllosen Vermummten
Dann könnte ich dich lassen

Aber ein stures Weiß-ich-nicht
Redet auf mich ein
So will er doch nicht sein
So meint er es doch nicht

Dann suche ich dich wieder
Ruf dich an knie vor dir nieder
Komm zurück du Schuld-Zerlumpter

Lass uns den ganzen Scheiß vergessen
Das Hühnchen rupfen und es essen
Geliebter vergeßlichkeitswunder Aufgepumpter

(Andrea Katzenberger)

Filmriss

Was ist los in mir

Was ist los in mir
keine Antwort
niemand hier
alle fort

Keine Antwort
Tonspule gerissen
alle fort
werde ich sie vermissen

Tonspule gerissen
alles in mir stockt
werde ich sie vermissen
nichts dass mich lockt

Alles in mir stockt
niemand hier
nichts dass mich lockt
was ist los in mir?

(Kirsten Eckmann)

Von wegen freier Wille

Ich laufe kilometerweit
Aus Angst vor der Stille
Von wegen freier Wille
ES schreit

Auf der Suche nach Zeit
Ich atme und meditiere
Bis ich körperlich kollabiere
Notaufnahme statt Gelassenheit

Dieses ES in mir was sich wehrt
Mir flüstert du bist verkehrt
Frieden unmöglich macht

Was vielleicht gar nicht mir gehört
Aber Angst macht verstört
Und grabesstill lacht

(Andrea Katzenberger)

runderneuerung

nun lag ich da
auseinandermontiert
und mich friert
nur die hülle war das was ich sah

gestern war ich kompletter
da konnte ich furcht auf der zunge schmecken
und das blau des himmels im dunkeln entdecken
das war irgendwie netter

wo haben sie meine freude versteckt
mein atem geht tief und es rasselt
die mit dem messer sind wieder weggezogen

körper und seele sind doch kein klickparkett
aber noch ist leben in mir nichts ist vermasselt
bin nur etwas verbogen

(Renate Haußmann)

Wenn ich doch geschwiegen hätte

Hätte ich doch gefragt

Spaziergang am Strand
Dein Versprechen als du mich verlassen hast
Ein letztes Mal Hand in Hand
Wir haben gut zusammengepasst

Dein Versprechen als du mich verlassen hast
„Wenn wir alt sind werden wir darüber lachen"
Wir haben gut zusammengepasst
Man sollte keine Versprechungen machen

„Wenn wir alt sind, werden wir darüber lachen"
Deine letzte Reise du hast mich nicht eingeladen
Man sollte keine Versprechungen machen
Hab mich nicht getraut zu fragen.

Deine letzte Reise du hast mich nicht eingeladen
Spaziergang am Strand
Hab mich nicht getraut zu fragen
Ein letztes Mal Hand in Hand

(Andrea Katzenberger)

auf den trümmern der endlichkeit

das kann doch nicht das ende sein
hab nur ausgesprochen was ich als wahrheit sah
du machst dich groß und mich ganz klein
weil es meine und nicht deine war

hab nur ausgesprochen was ich als wahrheit sah
blieb treu mit dem pfand aus vergangener zeit
weil es meine und nicht deine war
mein traum überschattet die wirklichkeit

blieb treu mit dem pfand aus vergangener zeit
kannst du jemals vergessen
mein traum überschattet die wirklichkeit
und du lässt dich von erinnerung zerfressen

kannst du jemals vergessen
du machst dich groß und mich ganz klein
und du lässt dich von erinnerung zerfressen
das kann doch nicht das ende sein

(Renate Haußmann)

Wahrheitsfalle

Gehört „Wahrheit" ausgesprochen
wird „Wahrheit" dann wahrer
oder habe ich eine Falle gerochen
wird die Welt um eine Verlockung rarer

Wird „Wahrheit" wahrer
Recht haben um jeden Preis
wird die Welt um eine Verlockung rarer
kenne die „Wahrheit" habe den Beweis

Recht haben um jeden Preis
endlich werde ich gehört
kenne die „Wahrheit" habe den Beweis
aller Zweifel ist zerstört

Endlich werde ich gehört
oder habe ich eine Falle gerochen
aller Zweifel ist zerstört
gehört „Wahrheit" immer ausgesprochen?

(Kirsten Eckmann)

Fast immer ist was wichtiger
stellt sich vor mich
verlockt mit seiner Not

ES TUN SICH WELTEN AUF

Hoffnung keimt
Das Ende vom Lied
Genug ist genug

Hoffnung keimt

Die Hütte im Wald

In der Hütte im Wald
Ein letzter Urlaub mit dir
Die Nächte waren kalt
Es war Ruhe in mir

Ein letzter Urlaub mit dir
Ich kam von einem Spaziergang zurück
Es war Ruhe in mir
Das Licht in der Hütte ein stilles Glück

Ich kam von einem Spaziergang zurück
Noch warst du da
Das Licht in der Hütte ein stilles Glück
Dein liebevoller Blick vertraut und nah

Noch warst du da
Die Nächte waren kalt
Dein liebevoller Blick vertraut und nah
In der Hütte im Wald

(Andrea Katzenberger)

Keimen tönt

Urwaldgrün
symbiotisches Durcheinander
Glockenstille schallt kühn
alles neigt sich zueinander

Symbiotisches Durcheinander
kein Ton geht verloren
alles neigt sich zueinander
ein Wald hat eigene Ohren

Kein Ton geht verloren
alles atmet bis es dröhnt
ein Wald hat eigene Ohren
sogar das Keimen tönt

Alles atmet bis es dröhnt
Glockenstille schallt kühn
sogar das Keimen tönt
urwaldgrün.

(Kirsten Eckmann)

geh ein stück mit mir

da war so eine sehnsucht
dein blick auf meine hand
es nahm mir die luft
hab vorsatz erkannt

der blick auf meine hand
mit einer inneren verbeugung
hab vorsatz erkannt
da war so eine hoffnung

mit einer inneren verbeugung
als wolltest du mich ehren
da war so eine hoffnung
vor dem ersten begehren

als wolltest du mich ehren
es nahm mir die luft
vor dem ersten begehren
da war so eine sehnsucht

(Renate Haußmann)

Das Ende vom Lied

abschied

ich bin gegangen weil ich ungeduldig bin
du konntest dich nicht entscheiden
ich wollte so nicht bleiben
hab zu viel gelesen von freiheit und eigensinn

du lachtest und wolltest mir nicht glauben
ließt dich täuschen von meinem sommerkleid
doch deine geborgte selbstsicherheit
konnte meinen willen nicht rauben

wusste nichts vom Leben ohne leidenschaft
folgte dem ruf nach abenteuer
liebe war in lust gewandelt

verließ mich auf die eigene kraft
genoss das kurzfristige feuer
wunden wurden notdürftig behandelt

(Renate Haußmann)

Der Funke Verachtung

Abschied am Gleis
Der Funke Verachtung in deinem Blick
Ein Herz aus Eis
Kein Weg zurück

Der Funke Verachtung in deinem Blick
Die Angst im Gepäck
Kein Weg zurück
Die Liebe im Dreck

Die Angst im Gepäck
Jeder Versuch befangen
Die Liebe im Dreck
Kriegsnebel verhangen

Jeder Versuch befangen
Abschied am Gleis
Kriegsnebel verhangen
Ein Herz aus Eis

(Andrea Katzenberger)

Ode an ein Lied ohne Ende

Das Ende vom Lied
meines deines
und was kommt dann
ein neues Lied
wer singt es wie klingt es

Und dann die Wende
doch kein Ende
eine unbekannte Strophe taucht auf
Liebe in neuer Form
das gibt es auch

Leidenlos lieben
das haben wir bisher gemieden
ne neue Strophe für uns zwei
das Liebeslied geht nie vorbei.

(Kirsten Eckmann)

Genug ist genug

Ode an eine Göttin

Schutzgöttin der Viren und Daten
beide menschengemacht
bitte reiche mir einen Spaten
zum Begraben der Illusion
sicher zu sein mit der Datenfracht.

Falls du dich herablassen könntest
dich unserer Schutzidee anzunehmen
möglichst ohne Lachanfall
beginne bitte bei unserem Sehnen
nach mehr und mehr Datenkrawall

und ungeschlechtlicher Vermehrung
der Datenmonster ohne Zuhause
oh Göttin genug mit dem Spuk!

(Kirsten Eckmann)

Datenkrawall

Ich bin ein Datenkrawall
Sich jagende Gedanken
Bringen Entscheidungen ins Wanken
Mein Kopf ein Hühnerstall

Es gackert laut und aufgeregt
Worte schießen hin und her
Wo wie was und vor allem wer
Aber es wird kein Ei gelegt

Man verliert den Verstand
Rennt mit dem Kopf durch die Wand
Ein Krach ein Ach aber endlich Stille

Ein Moment von Klarheit
Eine Ahnung von Wahrheit
Ein Dasein und ein freier Wille

(Andrea Katzenberger)

die berater

ich las die währung der zukunft sind daten
mein guter name das gold wonach sie graben
mein denken und handeln seltene erden
die sie suchen die zuckerbergs und ihre erben

ich bin die dritte welt der digitalen zeit
sie beuten mich aus in unsichtbarkeit
bis es droht aus den fugen zu geraten
dann kommen die schützer unserer daten

ohne sich die seele zu beschmutzen
erfinden sie die berater
die freundlichen parasiten im datentheater

im namen des rechts ohne sonstigem nutzen
ersinnen sie normen und regeln
bauen ein werk ohne wind in den segeln

(Renate Haußmann)

Ich hab gewählt
dich gewählt
und nur das zählt

KATZENJAMMER

Wenn es weh tut
Vergebliches Hoffen
ich singe für mich

Wenn es weh tut

Schreien hilft nicht

Wie geschlagen werden von einem der taub ist
schreien hilft nicht wenn auch noch so laut
als ob der Schmerz sein Gehör auffrisst
stumm aus der Tiefsee geschaut

Schreien hilft nicht wenn auch noch so laut
eine Entscheidung ist nötig
stumm aus der Tiefsee geschaut
ginge es gütig

Eine Entscheidung ist nötig
heraus aus der Enge ans Licht und ganz weit
ginge es gütig
umarmen ohne Bedürftigkeit.

heraus aus der Enge ans Licht und ganz weit
als ob der Schmerz sein Gehör auffrisst
umarmen ohne Bedürftigkeit
wie geschlagen werden von einem der taub ist.

(Kirsten Eckmann)

gebogene wahrheit

alles ist wahr nichts ist gelogen
es ist aus mir heraus gedacht
danach zerträumt durch die halbe nacht
und zuletzt etwas gebogen

du kannst ruhig lachen
schau wie ich mich quäle
ich öffne die kleider wie meine seele
und tanz auf meinen sachen

ich will es mit mir wagen
und spuck auf deine häme
dein blick tut mir nicht weh

denn jetzt kann ich es sagen
es sind nur solche schläge
die ich nicht kommen seh

(Renate Haußmann)

ES

Von keinem gehört
Lange verstummt
Eingemummt
In den Keller ES stört

Das was war
Lange vergessen
Aber davon besessen
Immer und überall da

Bestimmt mich
Verschreckt dich
Erdrückende Bedürftigkeit

Die um sich schlägt
Keine Nähe erträgt
Weil sie sich nicht verzeiht

(Andrea Katzenberger)

Vergebliches Hoffen

Mal mit mal ohne Laub

Wie die Bäume vor meinem Zimmer
Mal mit mal ohne Laub
Warte ich noch immer
Meine Seele taub

Mal mit mal ohne Laub
Vollgeweinte Kissen leerer Blick
Meine Seele taub
Du kommst nicht zurück

Vollgeweinte Kissen leerer Blick
Keine Antwort auf die Frage warum
Du kommst nicht zurück
Die Liebe stumm

Keine Antwort auf die Frage warum
Warte ich noch immer
Die Liebe stumm
Wie Bäume vor meinem Zimmer

(Andrea Katzenberger)

geplatzter traum

du warst willkommen
ich blieb in reichweite
auch als du deinen weg genommen
immer an deiner seite

sah dich in krämpfen liegen
ich blieb in reichweite
hab gedacht ich könnte es biegen
immer an deiner seite

bin mit dir zickzack gelaufen
durfte manchmal die weichen stellen
du behielts die fäden in der hand

um dich am ende an den teufel zu verkaufen
doch von ihm lass ich mich nicht verprellen
vergrab alle hoffnungen in den sand

(Renate Haußmann)

Du kannst nicht mehr einkaufen gehen

Ich habe dich auf dem Markt von hinten gesehen
wie gestern wenn wir uns zufällig trafen
du kannst nicht mehr einkaufen gehen
verlässt nicht mehr deinen sicheren Hafen

Wie gestern wenn wir uns zufällig trafen
jetzt verweben sich deine Zeiten neu
du verlässt nicht mehr deinen sicheren Hafen
du fühlst dich unsicher und scheu

Jetzt verweben sich deine Zeiten neu
unsere Welten driften auseinander
du fühlst dich unsicher und scheu
manchmal fühlen wir noch miteinander

Unsere Welten driften auseinander
du kannst nicht mehr einkaufen gehen
manchmal fühlen wir noch miteinander
ich habe dich auf dem Markt von hinten gesehen.

(Kirsten Eckmann)

Ich singe für mich

ein lied für mich

an der schwelle vorm supermarkt sitzt eine alte
mich trifft ihr blick der erste heute
spüre mein herz das kalte
und husche vorbei wie die anderen leute

mich trifft ihr blick, der erste heute
seh in ihren augen hoffnung und güte
und husche vorbei wie die anderen leute
nestle verlegen an der einkaufstüte

seh in ihren augen hoffnung und güte
dankbarkeit bringt mich zum schwingen
nestle verlegen an der einkaufstüte
und beginne zu singen

dankbarkeit bringt mich zum schwingen
spüre mein herz das kalte
und beginne zu singen
an der schwelle vorm supermarkt sitzt eine alte

(Renate Haußmann)

Licht singt für mich

Licht das singt
Licht das in die Ewigkeit träumt
Ängste aufräumt
wie tausend Chöre klingt

Licht das durch Spalten dringt
niemals mehr eingezäunt
gegen Sperren sich bäumt
leichtfüßig beschwingt

Im Strahlen so hell
noch viel schneller als schnell
ein Liebkosen der Seele

niemals zu grell
immerfort neuer Quell
entzückter Töne der Kehle.

(Kirsten Eckmann)

Eine Stimme die sich nicht traut

Eine Stimme die sich nicht traut
Ausgelacht
Über die Jahre verstummt und ergraut
Klein gemacht

Ausgelacht
Nicht geliebt nicht umworben
Klein gemacht
Einsam vor sich hingestorben

Nicht geliebt nicht umworben
Nie getanzt nie gesungen
Einsam vor sich hingestorben
Nicht um Verbundenheit gerungen

Nie getanzt nie gesungen
Über die Jahre verstummt und ergraut
Nicht um Verbundenheit gerungen
Eine Stimme die sich nicht traut

(Andrea Katzenberger)

Und dann sind sie schon da
die kleinen Perlen
prallen an die Trotzwand

DIE KRAFT DER GEGENWART

Fertig gelebt
Die Spannung steigt
Zu guter Letzt

Fertig gelebt

Fertig mit dem Leben

Sterben sagst du möchtest du gerne
du entschuldigst dich dafür
bei mir
und dein Blick schweift in die Ferne

Aufwachen wünschst du dir nie mehr
öde und sinnlos erscheint dir dein Leben
nichts kann dir mehr Freude geben
sterben sagst du fällt dir nicht schwer

Dann kommt wieder Leben in dich
trotzig stampfst du mit dem Fuß
du wirst zum Kind

Warum nimmt ER mich nicht
ich will doch nicht mehr aber ich muss
Gilt das für alle die mit dem Leben fertig sind?

(Kirsten Eckmann)

harmoniesüchtig

ich sehne mich nach vollkommenheit
die sucht nach harmonie beschreibt die lage
für die hingabe zum schmerz bleibt keine zeit
hab einen plan im kopf für die ausfalltage

die sucht nach harmonie beschreibt die lage
visionen werden zum anker
hab einen plan im kopf für die ausfalltage
würde kommt als abgesandter

visionen werden zum anker
ohne halt solange angst sich vermehrt
würde kommt als abgesandter
sinnlos wenn zeit zu einem brei aus zeit wird

ohne halt solange angst sich vermehrt
für die hingabe zum schmerz bleibt keine zeit
sinnlos wenn zeit zu einem brei aus zeit wird
ich sehne mich nach vollkommenheit

(Renate Haußmann)

Hingabe zum Schmerz

Als eine „Hingabe zum Schmerz" –Meisterin
Weine ich wenn ich Fremde sich verabschieden seh'
Quäle mich mit der Frage nach Sinn
weil ich dieses Kommen und Gehen nicht versteh

Warum muss es so schmerzvoll sein zu gebären
Ist die Angst vor dem Unbekannten so groß
Oder ist es ein sich gegen den Abschied wehren
Will man nicht raus aus dem sicheren Schoß

Dabei ist jeder Tag ein Abschied vom Gestern
Jeder Krieg ein Sergio- Leone - Western
Jedes dramatische Leid ein Fliegenschiss

Wir werden gewaltvoll in die Welt gepresst
Wo man uns mit zu schwierigen Fragen alleine lässt
Und nichts als der Tod ist gewiss

(Andrea Katzenberger)

Die Spannung steigt

Zu dir

Ich fahre zu dir
Endlich sehe ich dich wieder
Freude in mir
Mein Herz hüpft auf und nieder

Endlich sehe ich dich wieder
Was ziehe ich nur an
Mein Herz hüpft auf und nieder
Weil ich mich nicht entscheiden kann

Was ziehe ich nur an
Du würdest es hassen
Weil ich mich nicht entscheiden kann
Wirst du mich verlassen

Du würdest es hassen
Ich fahre zu dir
Wirst du mich verlassen
Freude in mir

(Andrea Katzenberger)

eine ode an mich

alles was in mir ist
ist meins
ich kann mich behalten
und mich verschenken
bin ich dann deins?

alles was in dir ist
ist deins
du kannst dich behalten
und dich verschenken
bist du dann meins?

alles was in mir ist
es bleibt meins
ich kann mich nicht teilen
und an niemanden verschenken
was ist dann deins?

(Renate Haußmann)

Viele Fragen

Das Dilemma des Menschseins
wer bin ich wessen Geistes Kind
bin ich so wie alle sind
sind alle eins

Was ist mit dem Bild das ich von mir habe
gehöre ich mir
oder unterliege meiner Gier
verkauf' mich für eine kleine Gabe

in welche Richtung geht meine Reise
zu mir oder von mir fern
wo ist mein Zuhaus

Erhebe ich meine Stimme laut oder leise
wie gehe ich mit mir um hab' ich mich gern
lebe bescheiden in der Fülle oder arm in Saus und
Braus?

(Kirsten Eckmann)

Zu guter Letzt

ich hab einen speicher für zuwendung angelegt

ich hab angebaut mein haus wurde zu klein
es platzte aus allen nähten
zu viele wollten hinein
mal in gedanken und mal mit geräten

und immer ließen sie etwas zurück
doch es war nicht zu verbrauchen
denn es ist pures glück
in das sie mich eintauchten

nun hab ich den speicher erweitert
er schwebt auf einer virtuellen wolke
damit sich das glück verbreitet

und nichts verloren geht
weil es sowieso nichts anderes wollte
mit einer pin die allen zur verfügung steht

(Renate Haußmann)

Glück

Vier Wände ein Dach und ein Aach
meinst du dich fragt das Glück oder mich
du machst den Krach
es geht nicht um mich sondern um dich

Meinst du dich fragt das Glück oder mich
sorge dich nicht ich bin schon da
es geht nicht um mich sondern um dich
ich bin nicht in Gefahr

Sorge dich nicht ich bin schon da
ich helfe dir gern für dein Haus
ich bin nicht in Gefahr
ich schaue gern glücklich zum Fenster hinaus

Ich helfe dir gern für dein Haus
du machst den Krach
ich schaue gern glücklich zum Fenster hinaus
vier Wände ein Dach und ein Aach!

(Kirsten Eckmann)

Die Maus

Wo in meinem Haus
Hat sich das Glück versteckt
Wie eine lästige Maus
Hat es alles verdreckt

Unter dem Dach Briefe gefunden
Alte Liebesgeschichten
Bilder eingebunden
Unmöglich zu vernichten

Im Keller staubige Gurkenfässer
Von der Urgroßmutter
Im trüben Gewässer
Dämonen klebrig wie Butter

Aber das Glück in seinem Mauseloch
Piepst vergnügt es gibt mich noch

(Andrea Katzenberger)

Kein schöner Land
in dieser Zeit
es geht bergab
mit unserer Freud

IN DIESER ZEIT

Fremdschämen
Der Zweifel nagt an mir
Zeitlos

Fremdschämen

Fremdschämen

Fremdschämen - dazu fällt mir gar nichts ein
Keine Geschichte keine Idee nicht mal ein Reim
Warum mich für andere schämen
Mich wegen ihrer Peinlichkeiten grämen

Fehlt mir dafür das Mitgefühl die Identifikation
Oder genau dieses Spiegelneuron
Soziale Emotionen sind mir durchaus bekannt
Stolz Schuld Eifersucht alles aus erster Hand

Aber *mich* schämen weil einer sich daneben benimmt
Und wer hat "Daneben" überhaupt bestimmt
Hab genug zu tun mit meiner Peinlichkeit
Im Kampf gegen die Vergänglichkeit

(Andrea Katzenberger)

Ode an den Fremden des Schämens

Oh Fremder des Schämens wie kann ich dir dienen
mächtig und stark bist du und nicht gerne gesehen
wenn du ungebeten kommst nur schwer zu verstehen
glaub' mir ich kann fremde Gefühle nicht sühnen

Oh Meister im Schamesröte löffeln
keiner kann's so gut kann wie du
gibst niemals Ruh
bis alles aufgegessen ist
typisch du

Oh Fremder nochmal die Frage wie kann ich dir dienen
sind dir schon Mut und Akzeptanz erschienen

Oh Herr der großen Gefühle
kein Zacken in deiner Krone wird fehlen
solltest du es schaffen dich still und leise
wie am Ende einer Reise
souverän davonzustehlen.

(Kirsten Eckmann)

ode an verbotene liebe

wäre die nacht doch schwärzer
ich könnte nicht sehen
was du machst

wäre der tag doch lauter
ich könnte nicht hören
was du sagst

wären deine gedanken doch leiser
ich könnte nicht ahnen
warum du es magst

wäre ich doch freier
ich könnte nicht glauben
dass du über meine treue lachst

(Renate Haußmann)

Zweifel nagt an mir

wir können es besser

oh, ihr willigen
lasst euch kaufen für nationale interessen
und treibt die preise im sog der populisten
schaut hin was ihr da treibt
you could be better than this

oh, ihr gewählten
schaut denen aufs maul die am lautesten schreien
sprachlos im spiel mit den schmuddelkindern
dürft ihr dieses mal nicht sein
you should be better than this

oh, ihr verdammten
in euren seelen fließt die angst vor dem sturz
der glaube an eigene vollkommenheit
ist mephisto und wir sind das gretchen
we could be better than this

oh, ihr durchschauten
entblößt euch bis auf die nackte haut
und weckt die guten unserer geister
mitgefühl verantwortung und solidarität
we are better than this

(Renate Haußmann)

Mein Leben ohne dich

Sie jagen mich
Die Zeit und Lebensfresser
Immer weiter schneller besser
Mein Leben ohne dich

Ich bestimme was zu sein hat
Wie ICH es will
Eisenharter Drill
Nur die Seele wird nicht satt

Es knarzt im Getriebe
Ohne Liebe
Wenn es still wird kommt die Schwere

Spüre mich nicht im Gedränge
Im Herzen beklemmende Enge
Und in der Seele – Leere

(Andrea Katzenberger)

Ängste essen Seelen auf

Ängste essen Seelen auf
Ängste werden immer fetter
Seelen spielen Ausverkauf
Seelen suchen einen Retter

Ängste werden immer fetter
Fake News stopfen jedes Loch
Seelen suchen einen Retter
Fake News lauten immer DOCH

Fake News stopfen jedes Loch
Lebenszweifel nagt
Fake News lauten immer DOCH
Lebenszweifel fragt und fragt

Lebenszweifel nagt
Seelen spielen Ausverkauf
Lebenszweifel fragt und fragt
Ängste essen Seelen auf.

(Kirsten Eckmann)

Zeitlos

Durchsichtige Zeit

Du schaust durch die Zeit
scheinst Trolle und Elfen zu sehen
mit ihnen durch die Zeit zu gehen
dein Lächeln begeistert dein Blick ganz weit

Ach wäre ich doch auch bereit
mein Sehen so zu drehen
mein Denken niederzumähen
Trolle und Elfen würden Wirklichkeit

Lass mich mit dir schauen
nimm mich mit in deine Welt
lass uns treffen dort

Lass uns Grenzen abbauen
schau'n wie es uns gefällt
an diesem wundersamen Ort.

(Kirsten Eckmann)

Liebe

Wenn der Moment die Zeit vergisst
Ein Blick dich in der Seele trifft
Mühelos Ängste umschifft
Könnte es sein dass es Liebe ist

Wenn eine Hand fühlt was du vermisst
Dein Herz berührt
Dich durch den Keller deiner Seele führt
Könnte es sein dass es Liebe ist

Wenn Stille dich nicht mehr beklemmt
Nähe dich nicht mehr bedroht
Einen Augenblick Ewigkeit

Nichts fühlt sich mehr fremd
Liebe stark wie der Tod
Befreit

(Andrea Katzenberger)

zum greifen nah

war es nicht schon immer so
alles ist zum greifen nah
und nichts macht froh
bis es jemand anders sah

der zweite blick
durch rosarote brillen
ist das was entzückt
zerstört den eigenen willen

lass dich nicht berauschen
du bist es
die den vorhang schiebt

dich selbst kannst du nicht tauschen
du bist es
die liebt

(Renate Haußmann)

Bewohner der Egowelten
wohnen in Schmerzenszelten
sie nerven mit allen Sinnen
versuchen mich umzustimmen

ENDLOSES WARTEN

Der Nächste bitte
Hört es denn nie auf
In der Warteschleife

Der Nächste bitte

Warten auf's Leben

Ich schaue in angespannte Gesichter
sieht meines auch so aus
schnell hier wieder raus
draußen spielt Leben mit Gelächter

Hier warte und warte ich
vielleicht wäre morgen der bessere Tag
könnte jetzt tun was ich lieber mag
stattdessen fürchte ich mich

Was wäre wenn
was würde ich tun
was sollte ich ändern

Müsste ich denn
demnächst oder nun
nicht vorbeischlendern?

(Kirsten Eckmann)

kalte Kinder

fünf eiskalte nächte hofft sie auf friedliche finder
nasse schaumküsse werden zu salz auf der haut
unter dem hemd schützt sie die kinder
leider sind sie längst raus aus dem bauch

das boot ist spielball der wellenmacht
es hält die menge kaum aus
so wacht sie die ganze nacht
und dann kippt es und eines fällt raus

sie ist auf der flucht vor dem morden
auf der suche nach menschlichkeit
ohne Angst vor folter und missbrauch

in goldener folie gehüllt hofft sie auf morgen
respektvolles sein in würde und freiheit
das ewig kalte kind auch.

(Renate Haußmann)

Weiterleben
für Anne

Wie weiterleben
Ohne das Kind
Wenn die Freunde gegangen sind
Es still wird in deinem Leben

Wie weiterleben
Mit der Frage warum MEIN Kind
Mit ansehen wie andere glücklich sind
Wie vergeben

Die Zeit heilt die Wunde nicht
Aber Erinnerung reicht dir die Hand
An die in Liebe gelebte Zeit

Dieses einzigartige Gesicht
Euer zärtliches Band
Überleben in Dankbarkeit

(Andrea Katzenberger)

Hört es denn nie auf

Kontrollverlust

Kontrollverlust
Meinte heut mein Therapeut
Zu dem tränenreichen Frust
Weil mich nichts mehr freut

Dieses nervende Kind
Was Heimat finden muss
Wenn wir wissen wer wir sind
Ist noch lang' nicht damit Schluss

Immer wieder neue Namen
Für das alte Scheißgefühl
Still got the Blues

Wieso nicht ein ja-und-Amen
Vertrauen in das Menschgewühl
Köstlich schmeckt der Himbeermus

(Andrea Katzenberger)

angekommen

ich hab die wahl
es bleibt in meiner hand
erlösung oder qual
ich gehe barfuß durch den sand

es bleibt in meiner hand
entscheide selbst ob ich vertraue
ich gehe barfuß durch den sand
glaubt nicht dass ich es heut versaue

entscheide selbst ob ich vertraue
gib einfach nur dem leben zeit
glaubt nicht dass ich es heut versaue
bin jetzt und hier zum sprung bereit

gib einfach nur dem leben zeit
erlösung oder qual
bin jetzt und hier zum sprung bereit
ich hab die wahl

(Renate Haußmann)

Egoleiden

Irgendwann ist alles eins
die Frage die sich stellt
ob genau das meinem Ego gefällt
weil es doch glaubt alles sei seins

Weil es doch alles haben will
immer Recht haben muss
bis zum Rezept von Himbeermus
nie hält es still

Tob dich ruhig aus
nur erwarte nicht
dass ich dich wichtig finde

Bleib zu Haus
verlier dein Gesicht
und such dir and're Pfründe!

(Kirsten Eckmann)

In der Warteschleife

so soll es sein

bleib doch einfach
oder geh
geh doch einfach
oder steh

oder geh
bleib und drehe deine runden
oder steh
kümmere dich um die kleinen wunden

bleib und drehe deine runden
warte auf die nächste chance
kümmere dich um die kleinen wunden
suche die balance

warte auf die nächste chance
geh doch einfach
suche die balance
bleib doch einfach

(Renate Haußmann)

Ich bin bereit

Ich bin bereit
wirklich
ohne inneren Streit
erstaunlich

Wirklich
auch wenn's hart auf hart kommt
erstaunlich
wenn der Schmerz mich zerbombt

Auch wenn's hart auf hart kommt
nur noch Ergeben bleibt
wenn der Schmerz mich zerbombt
mit Glück mein Widerstand zerreibt

Nur noch Ergeben bleibt
ohne inneren Streit
mit Glück mein Widerstand zerreibt
ich bin bereit.

(Kirsten Eckmann)

Ode an die Zufriedenen
Für Karin

Wie ich sie hasse
Die Zufriedenen
Diese extra Klasse
Der vom Glück beschiedenen

Die Sonntagsfamilie
Der Frühstückszwang
Mit Deko Petersilie
Ohne Freiheitsdrang

Nicht zu ertragen
Wie sie auf ihre Geranien gucken
Sich fragen was die Nachbarn sagen
Ich könnte spucken

Ich möchte sie niederbrüllen
Diese glückliche Familie
Schutzhüllen
Zerhacken wie Petersilie

Sie sehen die Verzweiflung nicht
Hinter den Gardinen
Im Kinderzimmerlicht
Böses Spiel verklärter Minen

Sie riskieren keinen Blick
In die Abgründe
Weil das Glück
Auf dem Spiel stünde

Wie sie nicht hassen
Diese Familie in mir drin
Wie sie sein lassen
Wenn ich im Krieg Zuhause bin

Nicht schuldig
Mich nicht für mich schämen
Geduldig
Die Liebe in die Arme nehmen

(Andrea Katzenberger)

Wenn du meine Gedichte liest
hörst du meine Stimme

DER PERFEKTE TAG

Gestern war ich Heldin
Die Fliege an der Wand
Alles zu mir

Gestern war ich Heldin

gestern war ich heldin

es gab so viel liebe
geteilt mit vater bruder und verwandte
es gab so viel freude
du hast sie verschwendet an bekannte

es gab so viele tränen
du hast weg geschaut
als würden sie dich beschämen
viel zu lange hab ich dir vertraut

fast hätten wir uns vergessen
dann hast du die hand gereicht
ich nahm sie spontan

ohne den abstand zu messen
es hat ausgereicht
und kaum noch weh getan

(Renate Haußmann)

Mein Weg

Wie war das noch mit Parzival
das Mutterband fest in der Hand
deshalb den heiligen Gral nicht fand
die Reise zu sich eine Qual

Bis er doch das Gewand auszog
die einzige Frage stellte
seine Entscheidung fällte
sich dem Muttersog entzog

Schaff ich das auch meinen Weg zu gehen
lieben ohne Abhängigkeit
Mutter achten und frei zu sein

Meinen Lebenssinn zu sehen
lieben mit Heiterkeit
loslösen von mein und dein.

(Kirsten Eckmann)

Liebe ohne Abhängigkeit

Ich bin doch nicht erleuchtet
Eher unterbelichtet
Wenn Liebe mich verdichtet
Und Lust mich befeuchtet

Soll Grenzen setzen
Aber bedingungslos sein
verbindlich - aber auch glücklich allein
Ehrlich - aber keinen verletzen

Diese ganzen Ambivalenzen
Über alle meine Grenzen
Kontrollverlust der wahnsinnig macht

Aber immer sicher sein dass man gehen kann
Was bedeutet es dann -
Und der Erleuchtete lacht

(Andrea Katzenberger)

Die Fliege an der Wand

Ärger

Sag's doch endlich oder schweig
beides ärgert mich
bei mir kriegst du keinen Stich
alles vergeigt

Kapier doch endlich meine Gefühle
was daran ist denn so schwer
lass' mich in Ruh' gib meine wieder her
hast mich verloren im Gewühle

Leb doch weiter blind wie du bist
mit Stacheln wie ein Igel
ich störe dich sowieso

Und was ist mit mir was hält mein Gerüst
ohne dich als Spiegel
finde ich mich selbst und wenn ja wo?

(Kirsten Eckmann)

Wut

Tassen an die Wand
Toben ohne Verstand
Kaputt machen zerstören
Den Druck im Kopf nicht mehr hören

Gut wenn keiner dir im Weg steht
Und auf die Nerven geht
Wohin mit deiner Wut
Messer ritzen - endlich Blut

Es muss raus aus der Seele
Der Schrei in der Kehle
Bevor er im Nichts verschwindet

Wo ist die Hand die dich hält
Der sichere Platz in der Welt
Wo dein Schmerz seine Tränen findet

(Andrea Katzenberger)

resignation

es sind die gespenstern der vergangenheit
unholde die sich in die gegenwart einschleichen
ungebeten ungewollt und zur falschen zeit
unmöglich ihnen zu entweichen

unholde die sich in die gegenwart einschleichen
um meine zukunft zu verdunkeln
unmöglich ihnen zu entweichen
lassen furcht und unsicherheit funkeln

lassen furcht und unsicherheit funkeln
scheinbar eingemeindete veteranen
unmöglich ihnen zu entweichen
du kannst den anlass nicht erahnen

scheinbar eingemeindete veteranen
ungebeten ungewollt und zur falschen zeit
du kannst den anlass nicht erahnen
es sind die gespenstern der vergangenheit

(Renate Haußmann)

Alles zu mir

Gier

Alles zu mir
Sagt die Gier
Gib alles her
Mehr mehr mehr

Es ist nie genug
Selbstbetrug
Innere Leere
Enge und Schwere

Gegen was man anrennt
In Sehnsucht verbrennt
Im Gedränge und Geschiebe

Die Freiheit dazwischen
Wo Grenzen verwischen
In Frieden und Liebe

(Andrea Katzenberger)

ode an die gier

du süße des selbstbetrugs
gauklerin des lobes
lässt alle vorsicht schwinden
im taumel von erfolgssucht

erste gewinne
füttern dich satt
du himmlische gier
nach unerreichbarem

was scheren mich
die mahner
ich lass mich treiben
im zug der nachahmer

nun klebst du an mir
wie pech und schwefel
sagen die ewig gestrigen
verstrickt in der vergangenheit

(Renate Haußmann)

Hallo sagt die Gier

Hallo sagt die Gier was ist dein Plaisier
lass mich in Ruh ich kenne dich nicht
ach heute mal heilig auf dem Papier
lass mir die Maske vor meinem Gesicht

Lass mich in Ruh ich kenne dich nicht
oder wie wär's ich vered'le dich
lass mir die Maske vor meinem Gesicht
ich mach dich ansehnlich

Oder wie wär's ich vered'le dich
ich schaffe dir ein gesittetes Heim
ich mache dich ansehnlich
Moralisten gehen dir gern auf den Leim

Ich schaffe dir ein gesittetes Heim
ach heute mal heilig auf dem Papier
Moralisten gehen dir gern auf den Leim
hallo sagt die Gier was ist dein Plaisier?

(Kirsten Eckmann)

Ich spiele mit Worten
gegen die Einsamkeit
um mich im Leben zu verorten
gegen die Vergänglichkeit

SIND WIR DENN ALLE VERRÜCKT GEWORDEN

Drängel nicht so
Bleib mal locker
Wo ist die Abkürzung

Drängel nicht so

Ode an den Drängler

Wie schön dass du mich drängelst
Mir Druck machst mich gängelst
Schneller zackig Hop
Leben im Schweinsgalopp

Was soll ich mit Gelassenheit
Mit Ruhe und Achtsamkeit
Ich brauche den Kampf in mir drin
damit ich weiß wer ich bin

Dramaspeicher prall gefüllt
Dasein auf Perfektion gedrillt
Tinder-Liebe wer nicht passt wird aussortiert
Depressionen bunt kaschiert

Renn sie dir weg deine Not
Glücklich-sein ist oberstes Gebot
Komm Geliebter Abenteuer jagen
Und dem Tod ein Schnippchen schlagen

(Andrea Katzenberger)

Nur die Ruhe heilt

Es raschelt und kribbelt
wo
in mir und es hibbelt
so

Wo
es piekst und stachelt
so
ein Gefühl wie zerkachelt

es piekst und stachelt
ach wäre ich nur angeseilt
ein Gefühl wie zerkachelt
nur die Ruhe heilt

Ach wäre ich nur angeseilt
in mir und es hibbelt
nur die Ruhe heilt
es raschelt und kribbelt.

(Kirsten Eckmann)

Ungeduld

da ist diese idee
sie zündet das feuer
kommt sanft wie eine fee
und wird über nacht zum ungeheuer

es ist die vernunft die schreit
lauf weg von ihr
doch lust und leidenschaft sind zu zweit
und schwupps steht sie auf dem papier

nun beginnt das böse spiel
die vision hechelt nach vollendung
treibt wie eine nussschale auf dem meer

hält von besinnlichkeit nicht viel
achtsamkeit ist (zeit-) verschwendung
denn eine neue idee ist hinter ihr her

(Renate Haußmann)

Bleib mal locker

bilanz

lass uns mal bilanzieren
gab es nicht auch licht im saal
selige momente sind niemals zu verlieren
verdammt nochmal

gab es nicht auch licht im saal
erst gefühle aufrechnen mit dem abakus
verdammt nochmal
und dann machst du schluss

erst gefühle aufrechnen mit dem abakus
plus und minus geteilt durch zwei
und dann macht du schluss
was denkst du dir dabei

plus und minus geteilt durch zwei
selige momente sind niemals zu verlieren
was denkst du dir dabei
lass uns erstmal bilanzieren

(Renate Haußmann)

Ein Sonett zur Bilanz

Wäre Liebe Mathematik
Berechenbares Minus und Plus
Überwiegt Minus ist Schluss
Aber Beziehung ist Krieg

Die Minus- Liste voll
Verletzt verlassen verachtet
Verflucht gehasst geschlachtet
Bittere Tränen Groll

Wie schwer wiegt die Wut
Die Tränenflut
Ein Sack voller Federn in der Bilanz

Wenn im Plus *Ich liebe dich* steht
Sich zärtlich Verbundenheit im Kreise dreht
Schwer wie Gold die Nähe der Tanz

(Andrea Katzenberger)

Oh my mind (keine Ode)

Was wäre wenn es Krieg nicht gäbe
wenn Bilanzen nicht wären
wenn Beziehungen nicht stören
würde ich dann auf mich hören

Oder würde ich anders streiten
auf Ebbe und Flut rumreiten
eines muss doch besser sein
so wie einatmen besser als aus
Hauptsache ich lass meine Meinung raus

Eine zu haben ist doch fein
und doch stellt sich Langeweile ein
ich lechze nach Drama melancholisch und schrill
Hauptsache in mir wird's nicht still
ich schreibe Listen für und wider
tu nach außen bieder
und innen
lass ich nichts entrinnen
will keinen Krieg und all den Mist
und kann dich nicht lassen wie du bist

Zappelphilippe mag ich nicht
sie machen nervös
was ist mit zappelndem Geist
egal wie monströs
ich fütt're ihn weiter
recycel Gedanken
heb' sie noch über die Schranken
mach mich zu ihrem Reiter

und wundere mich
warum lieb ich dich nicht

Oh my mind stop thinking you are the master
what a big desaster
oh mind
be calm and kind
please do what I will
please be my loving skill

Und dann tritt das Wunderbare ein
ich kann mit dir in Liebe sein!

(Kirsten Eckmann)

Wo ist die Abkürzung

Du schenkst mir deine Stimme

Du schenkst mir deine Stimme neu
so lange warst du fort
du hast auf mich gewartet an einem fernen Ort
so sehr warst du mir treu

Als ich dich fand warst du noch scheu
ich sollte dich nicht sehen
verborgen wolltest du mit mir gehen
wie eine Stimmgabel tief im Heu

Du schenkst mir auch noch deine Ohren
als Wanderstab durchs Leben
tastend über taube Strecken

Ich lass durch alle meine Poren
dein stimmungsvolles Geben
zum Tönen blinder Flecken.

(Kirsten Eckmann)

Deine Stimme fehlt

Deine Stimme fehlt
Deine warme Hand
Warum haben wir uns so gequält
Lass los sagt der Verstand

Deine warme Hand
Bei dir konnte ich mich spüren
Lass los sagt der Verstand
Das Gefühl kriecht auf allen vieren

Bei dir konnte ich mich spüren
Ich war zu viel du nie genug
Das Gefühl kriecht auf allen vieren
Liebe oder Selbstbetrug

Ich war zu viel du nie genug
Warum haben wir uns so gequält
Liebe oder Selbstbetrug
Deine Stimme fehlt

(Andrea Katzenberger)

wenn ich es richtig verstanden habe

wenn ich es richtig verstanden habe
ist der weg das ziel
meine antwort auf deine frage
mir war die strecke zu viel

ist der weg das ziel
hab mich viel zu oft verlaufen
mir war die Stecke zu viel
musste jeden meter mit schuld erkaufen

hab mich viel zu oft verlaufen
die last war kaum zu tragen
musste jeden meter mit schuld erkaufen
trotzdem neue Wege wagen

die last war kaum zu tragen
meine antwort auf deine frage
trotzdem neue Wege wagen
wenn ich es richtig verstanden habe

(Renate Haußmann)

Ich laure und warte
wer will noch mit mir ringen

OPFER-TÄTER / TÄTER-OPFER

Manchmal würde ich gern ...
Über Grenzen gehen
Alles hat seinen Preis

Manchmal würde ich gerne ...

Eine verzweifelte Ode an die Schuld

Oh Schuld du Menschheitswohlwehplage

du stete Frage

nach Unrecht und Recht

mir wird schlecht

deine Devise lautet ich bin schon da

du machst dich nie rar

du ständig Anwesende

du Nagende

niemals Fragende

du stellst Behauptungen auf

nimmst Leid in Kauf

um Recht zu haben

dich am Schmerz zu laben

Hauptsache du stehst im Rampenlicht

schaust mir frech ins Gesicht

ziehst dich niemals zurück

was bedeutet dir Glück

Ach, was würde ich dich gerne

nur noch wahrnehmen aus der Ferne

Darauf das Opfer oh wie gemein

nein

Denn ursprünglich ist alles rein!

(Kirsten Eckmann)

schuldlos

der erste blick von dir
blau wie ein tiefer see
du schenkst ihn mir
er bleibt selbst wenn ich geh

aus der ferne zuschauen,
war meine vision
wollte einen gefühlszaun um mich bauen
welch eine illusion.

kleine finger recken sich zum gruß
vergessene bilder an der wand
lassen versäumtes in mir ringen

dein winziger fuß
umschlossen von meiner hand
die dich nun trägt, wenn stürme singen

(Renate Haußmann)

Ode an meine Schuldgefühle

Ich liebe meine Schuldgefühle
Dieses nie-gut-genug in mich Gewühle
Sonst würde ich auf der Couch rumhängen
Und mich in Serienformate zwängen

Ich liebe meinen Schuldenberg
Beziehungskiller Teufelswerk
So muss ich nicht wie alle andern
Am Feiertag mit der Familie wandern

Ich lasse sie nicht los
Die Sehnsucht nach dem Mutterschoß
Im Drama das Glück gemieden
Krieg statt Frieden

Und wünsche mir doch nichts so sehr
Als dass endlich Ruhe wär'
Um mich herum und in mir drin - Stille
Klarheit Freiheit Fülle

(Andrea Katzenberger)

Über Grenzen gehen

Grenzen die ich nicht spüre

Grenzen die ich nicht spüre
Weder deine
Noch meine
Weil ich mich im WIR verliere

Einfach drüber gehüpft.
Obwohl da die Grenze ist
Da wo du DU bist
In deine Seele geschlüpft

Hände dich sich berühren
DICH und MICH spüren
Und doch wirst du mich verlassen

Keinen Halt im hier und jetzt
Mein Herz Angst besetzt
Fängt an dich zu hassen

(Andrea Katzenberger)

grenzgänger

grenzgänger
sie sind die boten der zäsur
stehen am abgrund als traumfänger
den möglichkeiten auf der spur

sie sind die boten der zäsur
nicht mehr gewillt nur zu ertragen
den möglichkeiten auf der spur
bereit die hölle zu erfahren

nicht mehr gewillt nur zu ertragen
nehmen ihr morgen in die eigene hand
bereit die hölle zu erfahren
werden zu entdeckern von neuem land

nehmen ihr morgen in die eigene hand
stehen am abgrund als traumfänger
und gehen in den widerstand
grenzgänger

(Renate Haußmann)

Aus Grenzsicht

Wäre ich eine Grenze stünde ich dazwischen
gehörte ich niemals dazu
hätte immer oder niemals meine Ruh
wer könnte mich jemals verwischen

Grenzgänger vielleicht
gehen sie auf meiner Linie oder bin ich ein Ort
riskieren sie was oder ist es nur Sport
bin ich für Grenzgänger erreicht

Was kann ich tun dass ihr echten euch vermehrt
dass Ihr euch gern auf mir tummelt
dass ich für euch breit genug bin

Seid mutig bleibt unversehrt
in Hoffnung eingemummelt
verwischt mich doch zugunsten von Sinn!

(Kirsten Eckmann)

Alles hat seinen Preis

alles hat seinen preis

lebt wohl ihr weggefährten
das leben macht mich schnell
bleibt nur ihr wohlgenährten
ich steig ins karussell

nur ein stich zwischen galle und herz
morgen hab ich euch vergessen
es wird ein kurzer schmerz
muss mich an anderer stelle messen

wann ist es so ruhig geworden
kann nicht mal mehr die namen nennen
schleier verdecken die erinnerung

muss mir stimmen aus dem radio borgen
würden die verlassenen mich erkennen
oder verhöhnen sie meine lästerung

(Renate Haußmann)

Poetry Ode

Oh du erster unter den besten
lass dich testen
bist du ein würdiger Gewinner
oder ein Spinner
wer führt dich an
Verstand oder Herz
Leidenschaft oder Kommerz
hast du's mit Doping und Co
mit Lobbyisten und so

Oh du erster unter den besten
trifft man dich auf allen Festen
als Hansdampf in allen Gassen
oder kannst du es lassen
das Rampenlicht
das zu dir spricht
immer höher immer weiter
verberge Verbissenheit
sei klaglos heiter
kämpf dich durch
was kannst du schon verlieren
außer dich

Ich biete dir an dich zu entführen
aus der Welt die sich immer schneller dreht
wo keiner mehr was von leben versteht

Schlag ein du erster unter den besten
misch dich unter die Gäste die nach Hause gehen
lass den Preis Preis sein

dann bist du tag aus und tagein ein
in deinem Kämmerlein
nicht mehr allein
es gibt keine Seelenpein
niemand ist zu dir gemein
kannst einfach nur noch glücklich sein.

(Kirsten Eckmann)

Versprechen

Das Versprechen
Wir würden glücklich sein
Und nie mehr allein
War ein Verbrechen

Die Liebe kann es nicht halten
Schuld ist der andere gewesen
In Selbsthass hängt man über dem Tresen
Alles beim Alten

Wie man es macht ist es verkehrt
Wenn man sich gegen das Leben wehrt
Es in Bilder zwingt

Dabei könnte es so einfach sein
Glücklich allein
Hören wie das Eichhörnchen singt

(Andrea Katzenberger)

Wenn Rüstung rostet
bin ich nackig
wie zu Beginn
als ich noch dachte
ich krieg's hin

IN GEFAHR

Tanz auf dem Vulkan
Flüchten oder bleiben
Wenn Rüstung rostet

Tanz auf dem Vulkan

tanz auf dem vulkan

berlin du wandelbare
die party der zwanziger jahre
ist vergessen
geopfert dem taumel von macht

berlin du zerrissene
zwischen luxus und elend
tanzt du zu gleicher zeit
mit dem revolutionär und dem diktator

berlin du abgedrehte
im wechsel von manie und depression
wuchern kreativität
und brüchige sicherheit

berlin du vergessliche
schau hin es ist wieder soweit
die wohlgenährten blind vor angst
zwischen dekadenz und verlogenheit

berlin du abgetauchte
ist es höchste zeit dass du dich zeigst

(Renate Haußmann)

Unerhört

Mein Benehmen war unerhört
ich habe geschrieh'n
du hast mich nicht gehört
ich konnte nicht flieh'n

Ich habe geschrieh'n
unsichtbare Fäuste in meiner Magengrube
ich konnte nicht flieh'n
du warst für mich der böse Bube

Unsichtbare Fäuste in meiner Magengrube
ich schlug zurück
du warst für mich der böse Bube
ich verlor ein Stück Glück

Ich schlug zurück.
du hast mich nicht gehört
ich verlor ein Stück Glück
mein Benehmen war unerhört.

(Kirsten Eckmann)

Mein Mauerfall

Stadt voller Abenteuer
Mich gefunden mich aufgegeben
Du der Mauerfall in meinem Leben
Die große Liebe und das Ungeheuer

Keine Grenzen akzeptiert
Alles ausgepackt
Die Fahne der Freiheit geflaggt
„Unerhörtes Benehmen" praktiziert

Dämonen tanzen lassen
Lieben und hassen
Bis die Mauer fiel

Im Vertrauen
Auf nichts zu bauen
Der Weg ist das Ziel

(Andrea Katzenberger)

Flüchten oder Bleiben

Dein Blick

Du schaust und schaust
ich bin in deinem Bann
und dann
schaust du mich weiter an

Sechs Monate alt
ewige Seelenjahre tief
dein Blick schreibt einen Brief
der erst im All verhallt

Du forderst auf zu bleiben
dir standzuhalten
zu flüchten ist keine Option

Buntes Kopfkinogedankentreiben
geistiges Schmerzverwalten
schmilzt unter deinem Blick davon.

(Kirsten Eckmann)

Seelenaugenblick

Seelen Augen Blick
Pur und unverstellt
Im Jetzt und hier Glück
Voll Vertrauen in die Welt

Pur und unverstellt
Von vor der Zeit
Voll Vertrauen in die Welt
Angstbefreit

Von vor der Zeit
zum nicht mehr sein
Angstbefreit
Keiner stirbt allein

Zum nicht mehr sein
Seelen Augen Blick
Keiner stirbt allein
Im Jetzt und hier Glück

(Andrea Katzenberger)

wenn stürme singen

wenn stürme singen
werde ich bei dir sein
wird dir alles gelingen
bleib ich mit freuden allein

ich werde bei dir sein
wenn der orkan erwacht
und bleib mit freuden allein
auch in geheimnisvoller nacht

wenn der orkan erwacht
bist du geborgen
auch in geheimnisvoller nacht
freu dich auf morgen

bist du geborgen
wird dir alles gelingen
freu dich auf morgen
wenn stürme singen

(Renate Haußmann)

Wenn Rüstung rostet

Gespenst in Not

Wenn Rüstung rostet
Dein Leben brüchig wird
Sich in Fragen verirrt
immer mehr Mühe kostet

Wenn du es nicht mehr halten kannst
Dieses Gespenst in Not
Den Spuk der dich bedroht
dann hat sie dich die Angst

Angst, alles zu verlieren
Nicht mehr zu funktionieren
Nie gut genug gewesen zu sein

Sie kreiert was sie flieht
Bis man sich selbst nicht mehr sieht
ohne Liebe allein

(Andrea Katzenberger)

ode an die angst

du bist meine verbündete
du unverzagte
du vielbeklagte

öffne meine augen
du vielgereiste
du unbestechliche

zeig mir meine wunden
du ehrliche
du unaussprechliche

lass mich an dir wachsen
du gerufene
du benutzbare

ich öffne dir die tür
wenn es deine zeit ist

(Renate Haußmann)

Eine So nett(e) Antwort

Angst du Schleier vor'm Licht
du wickelst mich nicht ein
glaub ja nicht ich sehe dich nicht
fall nicht auf dich rein

Ich schieb dich beiseite
biete dir die Stirn
mach's nicht wie and're Leute
benutze nicht mein Gehirn

schau durch dein löch'riges Gewebe
fokussiere den Raum
lass durch den Schleier Licht hinein

Pflück' dich reif von der Rebe
schüttle dich wie Obst vom Baum
trink dich als sei'st du Wein.

(Kirsten Eckmann)

DIE AUTORINNEN

Kirsten Eckmann arbeitet als Ärztin mit Schwerpunkt Naturheilkunde. Sie absolvierte bei Schreibweise Hamburg seit 2013 Ausbildungen in Kreativem Schreiben. Selbst zu schreiben ist ihr Ausgleich zu den vielen fremden Geschichten, die sie täglich hört. "Auf der Suche nach Wahrheit Türen aufmachen zu altem Wissen, dafür brenne ich schon lange! Je dichter, desto wahrer! Dichten hilft!"

Renate Haußmann ist Autorin für kreatives Schreiben. In der Reihe "Konzeptionelle Lyrik – Gedichte zu Dritt" gibt sie Gedichtbände mit Schreibkolleginnen heraus, die den lyrischen Trialog als kreativen Impuls nutzen. "Ich hab Lyrik in mir. Mit dieser Entdeckung bin ich zur Wortsucherin geworden. In der Lyrik geht es immer gleich ums Ganze. Innen wird nach Außen gekehrt, bläht sich auf mit aktueller Wahrnehmung, um sich in wenigen Zeilen zu verdichten."

Andrea Katzenberger studierte Schauspiel in Wien und spielte Theater, bevor sie bei Hark Bohm in Hamburg ein Regiestudium absolvierte. Sie arbeitet als Autorin und Regisseurin für Film und Fernsehen. " Ich schreibe Drehbücher, funktioniere für Formate und versuche mich an Billy Wilders Gebotel 1- 9 zu halten: du sollst nicht langweilen. Schreiben zu Dritt war ein befreiendes Experiment. Das Blatt war nicht leer. Wörter, Themen und Ideen wurden mir geschenkt und es gab zwei, die darauf gewartet haben, dass ich fertig wurde.

GEDICHTE

WENN SICH EINE TÜR SCHLIESST
   Ab dann war Funkstille
8   an den verstummten
9   Wie geht es Dir
10 Ein so nett an den Verstummten
    Filmriss
11 Was ist los in mir
12 Von wegen freier Wille
13 runderneuerung
    Wenn ich doch geschwiegen hätte
14 Hätte ich doch gefragt
15 auf den trümmern der endlichkeit
16 Wahrheitsfalle

ES TUN SICH WELTEN AUF
   Hoffnung keimt
18 Die Hütte im Wald
19 Keimen tönt
20 geh ein stück mit mir
    Das Ende vom Lied
21 abschied
22 Der Funke Verachtung
23 Ode an ein Lied ohne Ende
    Genug ist genug
24 Ode an eine Göttin
25 Datenkrawall
26 die berater

KATZENJAMMER
   Wenn es weh tut

FSC
www.fsc.org
MIX
Papier | Fördert
gute Waldnutzung
FSC® C083411

Zeitfracht Medien GmbH
Ferdinand-Jühlke-Straße 7
99095 Erfurt, Deutschland
produktsicherheit@kolibri360.de